VORWORT

Die Sammlung "Alles wird gut!" von T&P Books ist für Menschen, die für Tourismus und Geschäftsreisen ins Ausland reisen. Die Sprachführer beinhalten, was am wichtigsten ist - die Grundlagen für eine grundlegende Kommunikation. Dies ist eine unverzichtbare Reihe von Sätzen um zu "überleben", während Sie im Ausland sind.

Dieser Sprachführer wird Ihnen in den meisten Fällen helfen, in denen Sie etwas fragen müssen, Richtungsangaben benötigen, wissen wollen wie viel etwas kostet usw. Es kann auch schwierige Kommunikationssituationen lösen, bei denen Gesten einfach nicht hilfreich sind.

Dieses Buch beinhaltet viele Sätze, die nach den wichtigsten Themen gruppiert wurden. Sie werden auch ein kleines Wörterbuch mit nützlichen Wörtern über Nummern, Zeit, Kalender, Farben usw. finden. Das Wörterbuch beinhaltet viele gastronomische Begriffe und wird Ihnen hilfreich bei der Bestellung von Essen in einem Restaurant oder beim Kauf von Lebensmitteln im Lebensmittelgeschäft sein.

Nehmen Sie den "Alles wird gut" Sprachführer mit Ihnen auf die Reise und Sie werden einen unersetzlichen Begleiter haben, der Ihnen helfen wird, Ihren Weg aus jeder Situation zu finden und Ihnen beibringen wird keine Angst beim Sprechen mit Ausländern zu haben.

INHALTSVERZEICHNIS

T&P Books Publishing

Reisesprachführersammlung
"Alles wird gut!"

T&P Books Publishing

SPRACHFÜHRER

HINDI

Die nützlichsten Wörter und Sätze

Dieser Sprachführer
beinhaltet die häufigsten
Sätze und Fragen,
die für die grundlegende
Kommunikation mit
Ausländern benötigt wird

Andrey Taranov

T&P BOOKS

Sprachführer + Wörterbuch mit 250 Wörtern

Sprachführer Deutsch-Hindi und Mini-Wörterbuch mit 250 Wörtern

Von Andrey Taranov

Die Sammlung "Alles wird gut!" von T&P Books ist für Menschen, die für Tourismus und Geschäftsreisen ins Ausland reisen. Die Sprachführer beinhalten, was am wichtigsten ist - die Grundlagen für eine grundlegende Kommunikation. Dies ist eine unverzichtbare Reihe von Sätzen um zu "überleben", während Sie im Ausland sind.

Sie finden hier auch ein Mini-Wörterbuch mit 250 nützlichen Wörtern, die für die tägliche Kommunikation erforderlich sind - die Namen der Monate und Wochentage, Messungen, Familienmitglieder und mehr.

T&P Books Publishing
www.tpbooks.com

ISBN: 978-1-78616-801-6

Dieses Buch ist auch im E-Book Format erhältlich.
Besuchen Sie uns auch auf www.tpbooks.com oder auf einer der bedeutenden Buchhandlungen online.

AUSSPRACHE

Buchstabe	Hindi Beispiel	T&P phonetisches Alphabet	Deutsch Beispiel

Vokale

अ	अक्सर	[a]; [ɑ], [ə]	schwarz; halte
आ	आगमन	[a:]	Zahlwort
इ	इनाम	[i]	ihr, finden
ई	ईश्वर	[i], [i:]	Wieviel
उ	उठना	[ʊ]	dumm
ऊ	ऊपर	[u:]	Zufall
ऋ	ऋग्वेद	[r, rˑ]	Kristall
ए	एकता	[e:]	Wildleder
ऐ	ऐनक	[aj]	Reihe
ओ	ओला	[o:]	groß
औ	औरत	[au]	Knoblauch
अं	अंजीर	[ŋ]	Känguru
अः	अ से अः	[h]	brauchbar
ऑ	ऑफिस	[ɒ]	provozieren

Konsonanten

क	कमरा	[k]	Kalender
ख	खिड़की	[kh]	Flughafen
ग	गरज	[g]	gelb
घ	घर	[gh]	aspiriertes [g]
ङ	डाकू	[ŋ]	Känguru
च	चक्कर	[ʧ]	Matsch
छ	छात्र	[ʧh]	aspiriert [tsch]
ज	जाना	[ʤ]	Kambodscha
झ	झलक	[ʤ]	Kambodscha
ञ	विज्ञान	[n]	Champagner
ट	मटर	[t]	still
ठ	ठेका	[th]	Mädchen
ड	डंडा	[d]	Detektiv
ढ	ढलान	[d]	Detektiv
ण	क्षण	[n]	Ein stimmhafter retroflexer Nasal
त	ताकत	[t]	still

Buchstabe	Hindi Beispiel	T&P phonetisches Alphabet	Deutsch Beispiel
थ	थकना	[th]	Mädchen
द	दरवाज़ा	[d]	Detektiv
ध	धोना	[d]	Detektiv
न	नाई	[n]	Vorhang
प	पिता	[p]	Polizei
फ	फल	[f]	fünf
ब	बच्चा	[b]	Brille
भ	भाई	[b]	Brille
म	माता	[m]	Mitte
य	याद	[j]	Jacke
र	रीछ	[r]	richtig
ल	लाल	[l]	Juli
व	वचन	[v]	November
श	शिक्षक	[ʃ]	Chance
ष	भाषा	[ʃ]	Chance
स	सोना	[s]	sein
ह	हज़ार	[h]	brauchbar

Zusätzliche Konsonanten

क़	क़लम	[q]	Kobra
ख़	ख़बर	[h]	brauchbar
ड़	लड़का	[r]	richtig
ढ़	पढ़ना	[r]	richtig
ग़	ग़लती	[ɣ]	Vogel (Berlinerisch)
ज़	ज़िन्दगी	[z]	sein
झ़	टेंझर	[ʒ]	Regisseur
फ़	फ़ौज	[f]	fünf

LISTE DER ABKÜRZUNGEN

Deutsch. Abkürzungen

Adj	-	Adjektiv
Adv	-	Adverb
Amtsspr.	-	Amtssprache
f	-	Femininum
f, n	-	Femininum, Neutrum
Fem.	-	Femininum
m	-	Maskulinum
m, f	-	Maskulinum, Femininum
m, n	-	Maskulinum, Neutrum
Mask.	-	Maskulinum
n	-	Neutrum
pl	-	Plural
Sg.	-	Singular
ugs.	-	umgangssprachlich
unzähl.	-	unzählbar
usw.	-	und so weiter
v mod	-	Modalverb
vi	-	intransitives Verb
vi, vt	-	intransitives, transitives Verb
vt	-	transitives Verb
zähl.	-	zählbar
z.B.	-	zum Beispiel

Hindi. Abkürzungen

f	-	Femininum
f pl	-	Femininum plural
m	-	Maskulinum
m pl	-	Maskulinum plural

T&P BOOKS

HINDI
SPRACHFÜHRER

Dieser Teil beinhaltet
wichtige Sätze, die sich in
verschiedenen realen
Situationen als nützlich
erweisen können.
Der Sprachführer wird Ihnen
dabei helfen nach dem Weg
zu fragen, einen Preis
zu klären, Tickets zu kaufen
und Essen in einem
Restaurant zu bestellen.

T&P Books Publishing

INHALT SPRACHFÜHRER

T&P Books Publishing

Das absolute Minimum

Entschuldigen Sie bitte, …

माफ़ कीजिएगा, …
māf kījiega, …

Hallo.

नमस्कार।
namaskār.

Danke.

शुक्रिया।
shukriya.

Auf Wiedersehen.

अलविदा।
alavida.

Ja.

हाँ।
hān.

Nein.

नहीं।
nahin.

Ich weiß nicht.

मुझे नहीं मालूम।
mujhe nahin mālūm.

Wo? | Wohin? | Wann?

कहाँ? | कहाँ जाना है? | कब?
kahān? | kahān jāna hai? | kab?

Ich brauche …

मुझे … चाहिए।
mujhe … chāhie.

Ich möchte …

मैं … चाहता /चाहती/ हूँ।
main … chāhata /chāhatī/ hūn.

Haben Sie …?

क्या आपके पास … है?
kya āpake pās … hai?

Gibt es hier …?

क्या यहाँ … है?
kya yahān … hai?

Kann ich …?

क्या मैं … सकता /सकती/ हूँ?
kya main … sakata /sakatī/ hūn?

Bitte (anfragen)

…, कृपया।
…, krpaya.

Ich suche …

मैं … ढूंढ रहा /रही/ हूँ।
main … dhūnrh raha /rahī/ hūn.

die Toilette

शौचालय
shauchālay

den Geldautomat

एटीएम
etīem

die Apotheke

दवा की दुकान
dava kī dūkān

das Krankenhaus

अस्पताल
aspatāl

die Polizeistation

पुलिस थाना
pulis thāna

die U-Bahn

मेट्रो
metro

das Taxi	टैक्सी taiksī
den Bahnhof	ट्रेन स्टेशन tren steshan
Ich heiße …	मेरा नाम ... है। mera nām ... hai
Wie heißen Sie?	आपका क्या नाम है? āpaka kya nām hai?
Helfen Sie mir bitte.	क्या आप मेरी मदद कर सकते /सकती/ हैं? kya āp merī madad kar sakate /sakatī/ hain?
Ich habe ein Problem.	मुझे एक परेशानी है। mujhe ek pareshānī hai.
Mir ist schlecht.	मेरी तबियत ठीक नहीं है। merī tabiyat thīk nahin hai.
Rufen Sie einen Krankenwagen!	एम्बुलेन्स बुलाओ! embulens bulao!
Darf ich telefonieren?	क्या मैं एक फ़ोन कर सकता /सकती/ हूँ? kya main ek fon kar sakata /sakatī/ hūn?
Entschuldigung.	मुझे माफ़ करना। mujhe māf kar do.
Keine Ursache.	आपका स्वागत है। āpaka svāgat hai.
ich	मैं main
du	तू tū
er	वह vah
sie	वह vah
sie (Pl, Mask.)	वे ve
sie (Pl, Fem.)	वे ve
wir	हम ham
ihr	तुम tum
Sie	आप āp
EINGANG	प्रवेश pravesh
AUSGANG	निकास nikās

AUßER BETRIEB	ख़राब है kharāb hai
GESCHLOSSEN	बंद band
OFFEN	खुला khula
FÜR DAMEN	महिलाओं के लिए mahilaon ke lie
FÜR HERREN	पुरूषों के लिए purūshon ke lie

Fragen

Wo?
कहाँ?
kahān?

Wohin?
कहाँ जाना है?
kahān jāna hai?

Woher?
कहाँ से?
kahān se?

Warum?
क्यों?
kyon?

Wozu?
किस वजह से?
kis vajah se?

Wann?
कब?
kab?

Wie lange?
कितना समय लगेगा?
kitana samay lagega?

Um wie viel Uhr?
कितने बजे?
kitane baje?

Wie viel?
कितना?
kitana?

Haben Sie …?
क्या आपके पास ... है?
kya āpake pās … hai?

Wo befindet sich …?
... कहाँ है?
... kahān hai?

Wie spät ist es?
क्या बजा है?
kya baja hai?

Darf ich telefonieren?
क्या मैं एक फ़ोन कर सकता /सकती/ हूँ?
kya main ek fon kar sakata /sakatī/ hūn?

Wer ist da?
कौन है?
kaun hai?

Darf ich hier rauchen?
क्या मैं यहाँ सिगरेट पी सकता /सकती/ हूँ?
kya main yahān sigaret pī sakata /sakatī/ hūn?

Darf ich …?
क्या मैं ... सकता /सकती/ हूँ?
kya main … sakata /sakatī/ hūn?

Bedürfnisse

Ich hätte gerne …	मुझे … चाहिए। mujhe … chāhie.
Ich will nicht …	मुझे … नहीं चाहिए। mujhe … nahin chāhie.
Ich habe Durst.	मुझे प्यास लगी है। mujhe pyās lagī hai.
Ich möchte schlafen.	मैं सोना चाहता /चाहती/ हूँ। main sona chāhata /chāhati/ hūn.
Ich möchte …	मैं … चाहता /चाहती/ हूँ। main … chāhata /chāhati/ hūn.
abwaschen	हाथ-मुँह धोना hāth-munh dhona
mir die Zähne putzen	दाँत ब्रश करना dānt brash karana
eine Weile ausruhen	कुछ समय आराम करना kuchh samay ārām karana
meine Kleidung wechseln	कपड़े बदलना kapare badalana
zurück ins Hotel gehen	होटल वापस जाना hotal vāpas jāna
kaufen …	… खरीदना … kharīdana
gehen …	… जाना … jāna
besuchen …	… जाना … jāna
treffen …	… से मिलने जाना … se milane jāna
einen Anruf tätigen	फ़ोन करना fon karana
Ich bin müde.	मैं थक गया /गई/ हूँ। main thak gaya /gaī/ hūn.
Wir sind müde.	हम थक गए हैं। ham thak gae hain.
Mir ist kalt.	मुझे सर्दी लग रही है। mujhe sardī lag rahī hai.
Mir ist heiß.	मुझे गर्मी लग रही है। mujhe garmī lag rahī hai.
Mir passt es.	मैं ठीक हूँ। main thīk hūn.

Ich muss telefonieren.   **मुझे फ़ोन करना है।**
mujhe fon karana hai.

Ich muss auf die Toilette.   **मुझे शौचालय जाना है।**
mujhe shauchālay jāna hai.

Ich muss gehen.   **मुझे जाना है।**
mujhe jāna hoga.

Ich muss jetzt gehen.   **मुझे अब जाना होगा।**
mujhe ab jāna hoga.

Wie man nach dem Weg fragt

Entschuldigen Sie bitte, …

माफ़ कीजिएगा, …
māf kījiega, …

Wo befindet sich …?

… कहाँ है?
… kahān hai?

Welcher Weg ist …?

… कहाँ पड़ेगा?
… kahān parega?

Könnten Sie mir bitte helfen?

क्या आप मेरी मदद करेंगे /करेंगी/, प्लीज़?
kya āp merī madad karenge /karengī/, plīz?

Ich suche …

मैं … ढूँढ रहा /रही/ हूँ।
main … dhūnrh raha /rahī/ hūn.

Ich suche den Ausgang.

मैं बाहर निकलने का रास्ता ढूँढ रहा /रही/ हूँ।
main bāhar nikalane ka rāsta dhūnrh raha /rahī/ hūn.

Ich fahre nach …

मैं … जा रहा /रही/ हूँ।
main … ja raha /rahī/ hūn.

Gehe ich richtig nach …?

क्या मैं … जाने के लिए सही रास्ते पर हूँ?
kya main … jāne ke lie sahī rāste par hūn?

Ist es weit?

क्या वह दूर है?
kya vah dūr hai?

Kann ich dort zu Fuß hingehen?

क्या मैं वहाँ पैदल जा सकता /सकती/ हूँ?
kya main vahān paidal ja sakata /sakatī/ hūn?

Können Sie es mir auf der Karte zeigen?

क्या आप मुझे नक़्शे पर दिखा सकते /सकती/ हैं?
kya āp mujhe nakshe par dikha sakate /sakatī/ hain?

Zeigen Sie mir wo wir gerade sind.

मुझे दिखाईये कि हम इस वक्त कहाँ हैं।
mujhe dikhaīye ki ham is vakt kahān hain.

Hier

यहाँ
yahān

Dort

वहाँ
vahān

Hierher

इस तरफ़
is taraf

Biegen Sie rechts ab.

दायें मुड़ें।
dāyen muren.

Biegen Sie links ab.

बायें मुड़ें।
bāyen muren.

erste (zweite, dritte) Abzweigung

पहला (दूसरा, तीसरा) मोड़
pahala (dūsara, tīsara) mor

nach rechts

दाईं ओर
daīn or

nach links

बाईं ओर
baīn or

Laufen Sie geradeaus.

सीधे जाएं।
sīdhe jaen.

Schilder

HERZLICH WILLKOMMEN!	स्वागत! svāgat!
EINGANG	प्रवेश pravesh
AUSGANG	निकास nikās
DRÜCKEN	पुश, धकेलिए push, dhakelie
ZIEHEN	पुल, खींचिए pul, khīnchie
OFFEN	खुला khula
GESCHLOSSEN	बंद band
FÜR DAMEN	महिलाओं के लिए mahilaon ke lie
FÜR HERREN	पुरूषों के लिए purūshon ke lie
HERREN-WC	पुरूष purūsh
DAMEN-WC	महिलाएं mahilaen
RABATT | REDUZIERT	छूट chhūt
AUSVERKAUF	सेल sel
GRATIS	मुफ्त muft
NEU!	नया! naya!
ACHTUNG!	ध्यान दें! dhyān den!
KEINE ZIMMER FREI	कोई कमरा खाली नहीं है koī naukarī nahin hai
RESERVIERT	रिज़र्वड rizarvad
VERWALTUNG	प्रबंधन prabandhan
NUR FÜR PERSONAL	केवल स्टाफ़ keval stāf

BISSIGER HUND

कुत्ते से बचकर रहें!
kutte se bachakar rahen!

RAUCHEN VERBOTEN!

नो स्मोकिंग!
no smoking!

NICHT ANFASSEN!

हाथ न लगाएं!
hāth na lagaen!

GEFÄHRLICH

खतरनाक
khataranāk

GEFAHR

खतरा
khatara

HOCHSPANNUNG

हाई वोल्टेज
haī voltej

BADEN VERBOTEN

स्वीमिंग की अनुमति नहीं है!
svīming kī anumati nahin hai!

AUßER BETRIEB

ख़राब है
kharāb hai

LEICHTENTZÜNDLICH

ज्वलनशील
jvalanashīl

VERBOTEN

मनाही
manāhī

DURCHGANG VERBOTEN

प्रवेश निषेध!
yahān āne kī sakht manāhī hai!

FRISCH GESTRICHEN

गीला पेंट
gīla pent

WEGEN RENOVIERUNG
GESCHLOSSEN

मरम्मत के लिए बंद
marammat ke lie band

ACHTUNG BAUARBEITEN

आगे कार्य प्रगित पर है
āge kāry pragit par hai

UMLEITUNG

डीटूर
dītūr

Transport - Allgemeine Phrasen

Flugzeug	हवाई जहाज़ havaī jahāz
Zug	रेलगाड़ी, ट्रेन relagāṛī, tren
Bus	बस bas
Fähre	फेरी ferī
Taxi	टैक्सी taiksī
Auto	कार kār
Zeitplan	शिड्यूल shidyūl
Wo kann ich den Zeitplan sehen?	मैं शिड्यूल कहां देख सकता /सकती/ हूं? main shidyūl kahān dekh sakata /sakatī/ hūn?
Arbeitstage	कार्यदिवस kāryadivas
Wochenenden	सप्ताहांत saptāhānt
Ferien	छुट्टियां chhuttiyān
ABFLUG	प्रस्थान prasthān
ANKUNFT	आगमन āgaman
VERSPÄTET	देरी derī
GESTRICHEN	रद्द radd
nächste (Zug, usw.)	अगला agala
erste	पहला pahala
letzte	अंतिम antim

Wann kommt der Nächste ...?	**अगला ... कब है?** agala ... kab hai?
Wann kommt der Erste ...?	**पहला ... कब है?** pahala ... kab hai?
Wann kommt der Letzte ...?	**अंतिम ... कब है?** antim ... kab hai?

Transfer	**ट्रेन बदलना** tren badalana
einen Transfer machen	**ट्रेन कैसे बदलें** tren kaise badalen
Muss ich einen Transfer machen?	**क्या मुझे ट्रेन बदलनी पड़गी?** kya mujhe tren badalanī paragī?

Eine Fahrkarte kaufen

Wo kann ich Fahrkarten kaufen?	मैं टिकटें कुहाँ खरीद सकता /सकती/ हूँ? main tikaten kahān kharīd sakata /sakatī/ hūn?
Fahrkarte	टिकट tikat
Eine Fahrkarte kaufen	टिकट खरीदना tikat kharīdana
Fahrkartenpreis	टिकट का दाम tikat ka dām
Wohin?	कहाँ जाना है? kahān jāna hai?
Welche Station?	कौन-से स्टेशन के लिए? kaun-se steshan ke lie?
Ich brauche …	मुझे … चाहिए। mujhe … chāhie.
eine Fahrkarte	एक टिकट ek tikat
zwei Fahrkarten	दो टिकट do tikat
drei Fahrkarten	तीन टिकट tīn tikat

in eine Richtung	एक तरफ़ ek taraf
hin und zurück	राउंड ट्रिप raund trip
erste Klasse	फर्स्ट क्लास farst klās
zweite Klasse	सेकेंड क्लास sekend klās

heute	आज āj
morgen	कल kal
übermorgen	कल के बाद वाला दिन kal ke bād vāla din
am Vormittag	सुबह में subah men
am Nachmittag	दोपहर में dopahar men
am Abend	शाम में shām men

Gangplatz	आयल सीट āyal sīt
Fensterplatz	खिड़की वाली सीट khirakī vālī sīt
Wie viel?	कितना? kitana?
Kann ich mit Karte zahlen?	क्या मैं क्रेडिट कार्ड से पे कर सकता /सकती/ हूँ? kya main kredit kārd se pe kar sakata /sakatī/ hūn?

Bus

Bus	बस bas
Fernbus	अंतरराज्यीय बस antararājyīy bas
Bushaltestelle	बस-स्टॉप bas-stop
Wo ist die nächste Bushaltestelle?	सबसे करीबी बस-स्टॉप कहाँ है? sabase karībī bas-stop kahān hai?
Nummer	नंबर nambar
Welchen Bus nehme ich um nach ... zu kommen?	... जाने के लिए कौन-सी बस लेनी होगी? ... jāne ke lie kaun-sī bas lenī hogī?
Fährt dieser Bus nach ...?	क्या यह बस ... जाती है? kya yah bas ... jātī hai?
Wie oft fahren die Busse?	बसें कितनी जल्दी-जल्दी आती हैं? basen kitanī jaldī-jaldī ātī hain?
alle fünfzehn Minuten	हर पंद्रह मिनट har pandrah minat
jede halbe Stunde	हर आधा घंटा har ādha ghanta
jede Stunde	हर घंटा har ghanta
mehrmals täglich	दिन में कई बार din men kaī bār
... Mal am Tag	दिन में ... बार din men ... bār
Zeitplan	शिड्यूल shidyūl
Wo kann ich den Zeitplan sehen?	मैं शिड्यूल कहाँ देख सकता /सकती/ हूँ? main shidyūl kahān dekh sakata /sakatī/ hūn?
Wann kommt der nächste Bus?	अगली बस कब है? agalī bas kab hai?
Wann kommt der erste Bus?	पहली बस कब है? pahalī bas kab hai?
Wann kommt der letzte Bus?	आखिरी बस कब है? ākhirī bas kab hai?

Halt

स्टॉप
stop

Nächster Halt

अगला स्टॉप
agala stop

Letzter Halt

आखिरी स्टॉप
ākhirī stop

Halten Sie hier bitte an.

रोक दें, प्लीज़।
yahān roken, plīz.

Entschuldigen Sie mich,
dies ist meine Haltestelle.

माफ़ कीजिएगा, यह मेरा स्टॉप है।
māf kījiega, yah mera stop hai.

Zug

Zug	रेलगाड़ी, ट्रेन relagārī, tren
S-Bahn	लोकल ट्रेन lokal tren
Fernzug	लंबी दूरी की ट्रेन lambī dūrī kī tren
Bahnhof	ट्रेन स्टेशन tren steshan
Entschuldigen Sie bitte, wo ist der Ausgang zum Bahngleis?	माफ़ कीजिएगा, प्लेटफॉर्म से निकलने का रास्ता कहाँ है? māf kījiega, pletaform se nikalane ka rāsta kahān hai?

Fährt dieser Zug nach …?	क्या यह ट्रेन ... जाती है? kya yah tren ... jātī hai?
nächste Zug	अगली ट्रेन agalī tren
Wann kommt der nächste Zug?	अगली ट्रेन कब है? agalī tren kab hai?
Wo kann ich den Zeitplan sehen?	मैं शिड्यूल कहाँ देख सकता /सकती/ हूँ? main shidyūl kahān dekh sakata /sakatī/ hūn?
Von welchem Bahngleis?	कौन-से प्लेटफॉर्म से? kaun-se pletaform se?
Wann kommt der Zug in … an?	... में ट्रेन कब पहुंचती है? ... men tren kab pahunchatī hai?

Helfen Sie mir bitte.	कृपया मेरी मदद करें kṛpaya merī madad karen.
Ich suche meinen Platz.	मैं अपनी सीट ढूंढ रहा /रही/ हूँ main apanī sīt dhūnrh raha /rahī/ hūn.
Wir suchen unsere Plätze.	हम अपनी सीट ढूंढ रहे हैं ham apanī sīt dhūnrh rahe hain.

Unser Platz ist besetzt.	मेरी सीट पर कोई और बैठा है merī sīt par koī aur baitha hai.
Unsere Plätze sind besetzt.	हमारी सीटों पर कोई और बैठा है hamārī sīton par koī aur baitha hai.
Entschuldigen Sie, aber das ist mein Platz.	माफ़ कीजिएगा, लेकिन यह मेरी सीट है māf kījiega, lekin yah merī sīt hai.

Ist der Platz frei?

क्या इस सीट पर कोई बैठा है?
kya is sīt par koī baitha hai?

Darf ich mich hier setzen?

क्या मैं यहाँ बैठ सकता
/सकती/ हूँ?
kya main yahān baith sakata
/sakatī/ hūn?

Im Zug - Dialog (Keine Fahrkarte)

Fahrkarte bitte.	टिकट, कृपया। tikat, krpaya.
Ich habe keine Fahrkarte.	मेरे पास टिकट नहीं है। mere pās tikat nahin hai.
Ich habe meine Fahrkarte verloren.	मेरा टिकट खो गया। mera tikat kho gaya.
Ich habe meine Fahrkarte zuhause vergessen.	मैं अपना टिकट घर पर भूल गया /गई/। main apana tikat ghar par bhūl gaya /gaī/.

Sie können von mir eine Fahrkarte kaufen.	आप मुझे एक टिकट दे दें। āp mujhe ek tikat de den.
Sie werden auch eine Strafe zahlen.	आपको फाइन भी भरना होगा। āpako fain bhī bharana hoga.
Gut.	ठीक है। thīk hai.
Wohin fahren Sie?	आप कहाँ जा रहे /रही/ हैं? āp kahān ja rahe /rahī/ hain?
Ich fahre nach …	मैं ... जा रहा /रही/ हूँ। main ... ja raha /rahī/ hūn.

Wie viel? Ich verstehe nicht.	कितना? मैं समझी /समझी/ नहीं। kitana? main samajhī /samajhī/ nahin.
Schreiben Sie es bitte auf.	इसे लिख दीजिए, प्लीज़। ise likh dījie, plīz.
Gut. Kann ich mit Karte zahlen?	ठीक है। क्या मैं क्रेडिट कार्ड से पे कर सकता /सकती/ हूँ? thīk hai. kya main kredit kārd se pe kar sakata /sakatī/ hūn?
Ja, das können Sie.	हाँ, आप कर सकते हैं। hān, āp kar sakate hain.

Hier ist ihre Quittung.	यह रही आपकी रसीद। yah rahī āpakī rasīd.
Tut mir leid wegen der Strafe.	फाइन के बारे में माफ़ कीजिएगा। fain ke bāre men māf kījiega.
Das ist in Ordnung. Es ist meine Schuld.	कोई बात नहीं। वह मेरी गलती थी। koī bāt nahin. vah merī galatī thī.
Genießen Sie Ihre Fahrt.	अपनी यात्रा का आनंद लें। apanī yātra ka ānand len.

Taxi

Taxi	टैक्सी taiksī
Taxifahrer	टैक्सी चलाने वाला taiksī chalāne vāla
Ein Taxi nehmen	टैक्सी पकड़ना taiksī pakarana
Taxistand	टैक्सी स्टैंड taiksī staind
Wo kann ich ein Taxi bekommen?	मुझे टैक्सी कहां मिलेगी? mujhe taiksī kahān milegī?
Ein Taxi rufen	टैक्सी बुलाना taiksī bulāna
Ich brauche ein Taxi.	मुझे टैक्सी चाहिए। mujhe taiksī chāhie.
Jetzt sofort.	अभी। abhī.
Wie ist Ihre Adresse? (Standort)	आपका पता क्या है? āpaka pata kya hai?
Meine Adresse ist …	मेरा पता है ... mera pata hai ...
Ihr Ziel?	आपको कहाँ जाना है? āpako kahān jāna hai?
Entschuldigen Sie bitte, …	माफ़ कीजिएगा, ... māf kījiega, ...
Sind Sie frei?	क्या टैक्सी खाली है? kya taiksī khālī hai?
Was kostet die Fahrt nach …?	... जाने के लिए कितना लगेगा? ... jāne ke lie kitana lagega?
Wissen Sie wo es ist?	क्या आपको पता है वह कहाँ है? kya āpako pata hai vah kahān hai?
Flughafen, bitte.	एयरपोर्ट, प्लीज़। eyaraport, plīz.
Halten Sie hier bitte an.	यहाँ रोकें, प्लीज़। rok den, plīz.
Das ist nicht hier.	यहाँ नहीं है। yahān nahin hai.
Das ist die falsche Adresse.	यह गलत पता है। yah galat pata hai.
nach links	बायें मुड़ें। bāyen muren.
nach rechts	दायें मुड़ें। dāyen muren.

Was schulde ich Ihnen?   मुझे आपको कितने पैसे देने हैं?
mujhe āpako kitane paise dene hain?

Ich würde gerne
ein Quittung haben, bitte.   मैं एक रसीद चाहिए, प्लीज़।
main ek rasīd chāhie, plīz.

Stimmt so.   छुट्टे रख लें।
chhutte rakh len.

Warten Sie auf mich bitte   क्या आप मेरा इंतज़ार /करेंगे/ करेंगी?
kya āp mera intazār /karenge/ karengī?

fünf Minuten   पाँच मिनट
pānch minat

zehn Minuten   दस मिनट
das minat

fünfzehn Minuten   पंद्रह मिनट
pandrah minat

zwanzig Minuten   बीस मिनट
bīs minat

eine halbe Stunde   आधा घंटा
ādhe ghante

Hotel

Guten Tag.	नमस्कार। namaskār.
Mein Name ist …	मेरा नाम ... है mera nām ... hai
Ich habe eine Reservierung.	मैंने बुकिंग की थी। mainne buking kī thī.
Ich brauche …	मुझे ... चाहिए। mujhe ... chāhie.
ein Einzelzimmer	एक सिंगल कमरा ek singal kamara
ein Doppelzimmer	एक डबल कमरा ek dabal kamara
Wie viel kostet das?	यह कितने का है? yah kitane ka hai?
Das ist ein bisschen teuer.	यह थोड़ा महंगा है। yah thora mahanga hai.
Haben Sie sonst noch etwas?	क्या आपके पास कुछ और है? kya āpake pās kuchh aur hai?
Ich nehme es.	मैं यह ले लूँगा /लूँगी/। main yah le lūnga /lūngī/.
Ich zahle bar.	मैं नकद दूंगा /दूँगी/। main nakad dūngà /dūngī/.
Ich habe ein Problem.	मुझे एक परेशानी है। mujhe ek pareshānī hai.
Mein … ist kaputt.	मेरा ... टूटा हुआ है mera ... tūta hua hai.
Mein … ist außer Betrieb.	मेरा ... ख़राब है mera ... kharāb hai.
Fernseher	टीवी tīvī
Klimaanlage	एयरकंडिशनर eyarakandishanar
Wasserhahn	नल nal
Dusche	शॉवर shovar
Waschbecken	बेसिन besin
Safe	तिजोरी tijorī

Türschloss	दरवाज़े का ताला
	daravāze ka tāla
Steckdose	सॉकेट
	soket
Föhn	हेयर ड्रायर
	heyar drāyar

Ich habe kein …	… नहीं है
	… nahin hai
Wasser	पानी
	pānī
Licht	लाइट
	lait
Strom	बिजली
	bijalī

Können Sie mir … geben?	… दे सकते /सकती/ हैं?
	de sakate /sakatī/ hain?
ein Handtuch	तौलिया
	tauliya
eine Decke	कम्बल
	kambal
Hausschuhe	चप्पल
	chappal
einen Bademantel	रोब
	rob
etwas Shampoo	शैम्पू
	shaimpū
etwas Seife	साबुन
	sābun

Ich möchte ein anderes Zimmer haben.	मुझे अपना कमरा बदलना है।
	mujhe apana kamara badalana hai.
Ich kann meinen Schlüssel nicht finden.	मुझे चाबी नहीं मिल रही है।
	mujhe chābī nahin mil rahī hai.
Machen Sie bitte meine Tür auf	क्या आप मेरा कमरा खोल सकते /सकती/ हैं?
	kya āp mera kamara khol sakate /sakatī/ hain?
Wer ist da?	कौन है?
	kaun hai?
Kommen Sie rein!	अंदर आ जाओ!
	andar ā jao!
Einen Moment bitte!	एक मिनट!
	ek minat!

Nicht jetzt bitte.	अभी नहीं, प्लीज़।
	abhī nahin, plīz.
Kommen Sie bitte in mein Zimmer.	कृपया मेरे कमरे में आईये।
	kṛpaya mere kamare men āīye.

Ich würde gerne Essen bestellen.

मैं फ़ूड सर्विस ऑर्डर करना चाहता
/चाहती/ हूँ।
main fūd sarvis ordar karana chāhata
/chāhatī/ hūn.

Meine Zimmernummer ist …

मेरा कमरा नंबर है …
mera kamara nambar hai …

Ich reise … ab.

मैं ... जा रहा /रही/ हूँ।
main ... ja raha /rahī/ hūn.

Wir reisen … ab.

हम ... जा रहे हैं
ham ... ja rahe hain.

jetzt

अभी
abhī

diesen Nachmittag

आज दोपहर
āj dopahar

heute Abend

आज रात
āj rāt

morgen

कल
kal

morgen früh

कल सुबह
kal subah

morgen Abend

कल शाम
kal shām

übermorgen

कल के बाद वाला दिन
kal ke bād vāla din

Ich möchte die Zimmerrechnung begleichen.

मैं भुगतान करना चाहता
/चाहती/ हूँ।
main bhugatān karana chāhata
/chāhatī/ hūn.

Alles war wunderbar.

सब कुछ बहुत अच्छा था।
sab kuchh bahut achchha tha.

Wo kann ich ein Taxi bekommen?

मुझे टैक्सी कहां मिलेगी?
mujhe taiksī kahān milegī?

Würden Sie bitte ein Taxi für mich holen?

क्या आप मेरे लिए एक टैक्सी
बुला देंगे /देंगी/?
kya āp mere lie ek taiksī bula
denge /dengī/?

Restaurant

Könnte ich die Speisekarte sehen bitte?	क्या आप अपना मेनू दिखा सकते हैं, प्लीज़?
	kya āp apana menū dikha sakate hain, plīz?
Tisch für einen.	एक के लिए टेबल।
	ek ke lie tebal.
Wir sind zu zweit (dritt, viert).	हम दो (तीन, चार) लोग हैं।
	ham do (tīn, chār) log hain.
Raucher	स्मोकिंग
	smoking
Nichtraucher	नो स्मोकिंग
	no smoking
Entschuldigen Sie mich! (Einen Kellner ansprechen)	एक्सक्यूज़ मी! eksakyūz mī!
Speisekarte	मेनू
	menū
Weinkarte	वाइन सूची
	vain sūchī
Die Speisekarte bitte.	मेनू ले आईये प्लीज़।
	menū le āīye plīz.
Sind Sie bereit zum bestellen?	क्या आप ऑर्डर करने के लिए तैयार हैं?
	kya āp ordar karane ke lie taiyār hain?
Was würden Sie gerne haben?	आप क्या लेना चाहेंगी /चाहेंगी/?
	āp kya lena chāhengī /chāhengī/?
Ich möchte …	मेरे लिए … ले आईए।
	mere lie … le āīe.
Ich bin Vegetarier.	मैं शाकाहारी हूँ।
	main shākāhārī hūn.
Fleisch	माँस
	māns
Fisch	मछली
	machhalī
Gemüse	सब्ज़ियाँ
	sabziyān
Haben Sie vegetarisches Essen?	क्या आपके पास शाकाहारी पकवान है?
	kya āpake pās shākāhārī pakavān hain?
Ich esse kein Schweinefleisch.	मैं सूअर का गोश्त नहीं खाता /खाती/ हूँ।
	main sūar ka gosht nahin khāta /khātī/ hūn.

Er /Sie/ isst kein Fleisch.

वह माँस नहीं खाता /खाती/ है।
vah māns nahin khāta /khātī/ hai.

Ich bin allergisch auf …

मुझे … से अलर्जी है
mujhe … se alarjī hai.

Könnten Sie mir bitte … Bringen.

क्या आप मेरे लिए … ले आएंगे प्लीज़
kya āp mere lie … le āenge plīz

Salz | Pfeffer | Zucker

नमक । काली मिर्च । चीनी
namak | kālī mirch | chīnī

Kaffee | Tee | Nachtisch

कॉफ़ी । चाय । मीठा
kofī | chāy | mītha

Wasser | Sprudel | stilles

पानी । बुदबुदाने वाला पानी । सादा
pānī | budabudāne vāla pānī | sāda

einen Löffel | eine Gabel | ein Messer

एक चम्मच । काँटा । चाकू
ek chammach | kānta | chākū

einen Teller | eine Serviette

एक प्लेट । नैपकिन
ek plet | naipakin

Guten Appetit!

अपने भोजन का आनंद लें।
apane bhojan ka ānand len!

Noch einen bitte.

एक और चाहिए।
ek aur chāhie.

Es war sehr lecker.

वह अत्यंत स्वादिष्ट था।
vah atyant svādisht tha.

Scheck | Wechselgeld | Trinkgeld

चेक । छुट्टा । टिप
chek | chhutta | tip

Zahlen bitte.

चेक प्लीज़।
chek plīz.

Kann ich mit Karte zahlen?

क्या मैं क्रेडिट कार्ड से पे कर
सकता /सकती/ हूँ
kya main kredit kārd se pe kar sakata
/sakatī/ hūn?

Entschuldigen Sie, hier ist ein Fehler.

माफ़ कीजिएगा, यहाँ कुछ गलती है।
māf kījiega, yahān kuchh galatī hai.

Einkaufen

Kann ich Ihnen behilflich sein?
क्या मैं आपकी मदद कर सकता /सकती/ हूँ?
kya main āpakī madad kar sakata /sakatī/ hūn?

Haben Sie ...?
क्या आपके पास ... है?
kya āpake pās ... hai?

Ich suche ...
मैं ... ढूंढ रहा /रही/ हूँ।
main ... dhūnrh raha /rahī/ hūn.

Ich brauche ...
मुझे ... चाहिए।
mujhe ... chāhie.

Ich möchte nur schauen.
मैं बस देख रहा /रही/ हूँ।
main bas dekh raha /rahī/ hūn.

Wir möchten nur schauen.
हम बस देख रहे हैं।
ham bas dekh rahe hain.

Ich komme später noch einmal zurück.
मैं बाद में वापिस आता /आती/ हूँ।
main bād men vāpis āta /ātī/ hūn.

Wir kommen später vorbei.
हम बाद में वापिस आते हैं।
ham bād men vāpis āte hain.

Rabatt | Ausverkauf
छूट । सेल
chhūt | sel

Zeigen Sie mir bitte ...
क्या आप मुझे ... दिखाएंगे /दिखाएंगी/।
kya āp mujhe ... dikhaenge /dikhaengī/.

Geben Sie mir bitte ...
क्या आप मुझे ... देंगे /देंगी/।
kya āp mujhe ... denge /dengī/.

Kann ich es anprobieren?
क्या मैं इसे पहनकर देख सकता /सकती/ हूँ?
kya main ise pahanakar dekh sakata /sakatī/ hūn?

Entschuldigen Sie bitte, wo ist die Anprobe?
माफ़ कीजिएगा, ट्राय रूम कहाँ है?
māf kījiega, trāy rūm kahān hai?

Welche Farbe mögen Sie?
आपको कौन-सा रंग चाहिए?
āpako kaun-sa rang chāhie?

Größe | Länge
साइज़ । लंबाई
saiz | lambaī

Wie sitzt es?
यह कैसा फिट होता है?
yah kaisa fit hota hai?

Was kostet das?
यह कितने का है?
yah kitane ka hai?

Das ist zu teuer.
यह बहुत महंगा है।
yah bahut mahanga hai.

Ich nehme es.
मैं इसे ले लूँगा /लूँगी/।
main ise le lūnga /lūngī/.

Entschuldigen Sie bitte,
wo ist die Kasse?

माफ़ कीजिएगा, पे कहाँ करना है?
māf kījiega, pe kahān karana hai?

Zahlen Sie Bar oder mit Karte?

क्या आप नकद में पे करेंगे या
क्रेडिट कार्ड से?
kya āp nakad men pe karenge ya
kredit kārd se?

in Bar | mit Karte

नकद में | क्रेडिट कार्ड से
nakad men | kredit kārd se

Brauchen Sie die Quittung?

क्या आपको रसीद चाहिए?
kya āpako rasīd chāhie?

Ja, bitte.

हाँ, प्लीज़।
hān, plīz.

Nein, es ist ok.

नहीं, ज़रूरत नहीं।
nahin, zarūrat nahin.

Danke. Einen schönen Tag noch!

शुक्रिया। आपका दिन शुभ हो!
shukriya. āpaka din shubh ho!

In der Stadt

Entschuldigen Sie bitte, …
माफ़ कीजिएगा, …
māf kījiega, …

Ich suche …
मैं … ढूँढ रहा /रही/ हूँ
main … dhūnrh raha /rahī/ hūn.

die U-Bahn
मेट्रो
metro

mein Hotel
अपना होटल
apana hotal

das Kino
सिनेमा हॉल
sinema hol

den Taxistand
टैक्सी स्टैंड
taiksī staind

einen Geldautomat
एटीएम
etīem

eine Wechselstube
मुद्रा विनिमय केंद्र
fŏran eksachenj ofis

ein Internetcafé
साइबर कैफ़े
saibar kaife

die … -Straße
… सड़क
… sarak

diesen Ort
यह जगह
yah jagah

Wissen Sie, wo … ist?
क्या आपको पता है कि … कहाँ है?
kya āpako pata hai ki … kahān hai?

Wie heißt diese Straße?
यह कौन-सी सड़क है?
yah kaun-sī sarak hai?

Zeigen Sie mir wo wir gerade sind.
मुझे दिखाईये कि हम इस वक्त कहाँ हैं
mujhe dikhaīye ki ham is vakt kahān hain.

Kann ich dort zu Fuß hingehen?
क्या मैं वहाँ पैदल जा सकता /सकती/ हूँ?
kya main vahān paidal ja sakata /sakatī/ hūn?

Haben Sie einen Stadtplan?
क्या आपके पास शहर का नक्शा है?
kya āpake pās shahar ka naksha hai?

Was kostet eine Eintrittskarte?
अंदर जाने का टिकट कितने का है?
andar jāne ka tikat kitane ka hai?

Darf man hier fotografieren?
क्या मैं यहाँ फोटो खींच सकता /सकती/ हूँ?
kya main yahān foto khīnch sakata /sakatī/ hūn?

Haben Sie offen?

क्या यह जगह खुली है?
kya yah jagah khulī hai?

Wann öffnen Sie?

आप इसे कब खोलते हैं?
āp ise kab kholate hain?

Wann schließen Sie?

आप इसे कब बंद करते हैं?
āp ise kab band karate hain?

Geld

Geld	पैसा paisa
Bargeld	नकद nakad
Papiergeld	पेपर मनी pepar manī
Kleingeld	सिक्के sikke
Scheck | Wechselgeld | Trinkgeld	चेक | छुट्टा | टिप chek | chhutta | tip

Kreditkarte	क्रेडिट कार्ड kredit kārd
Geldbeutel	बटुआ batua
kaufen	खरीदना kharīdana
zahlen	भुगतान करना bhugatān karana
Strafe	फाइन fain
kostenlos	मुफ़्त muft

Wo kann ich … kaufen?	मैं ... कहाँ खरीद सकता /सकती/ हूँ? main ... kahā kharīd sakata /sakatī/ hūn?
Ist die Bank jetzt offen?	क्या बैंक इस वक्त खुला होगा? kya baink is vakt khula hoga?
Wann öffnet sie?	वह कब खुलता है? vah kab khulata hai?
Wann schließt sie?	वह कब बंद होता है? vah kab band hota hai?

Wie viel?	कितना? kitana?
Was kostet das?	यह कितने का है? yah kitane ka hai?

Das ist zu teuer.	यह बहुत महंगा है। yah bahut mahanga hai.
Entschuldigen Sie bitte, wo ist die Kasse?	माफ़ कीजिएगा, पे कहाँ करना है? māf kījiega, pe kahān karana hai?

Ich möchte zahlen.

चेक, प्लीज़।
chek, plīz.

Kann ich mit Karte zahlen?

क्या मैं क्रेडिट कार्ड से पे कर
सकता /सकती/ हूँ?
kya main kredit kārd se pe kar
sakata /sakatī/ hūn?

Gibt es hier einen Geldautomat?

क्या यहाँ पास में एटीएम है?
kya yahān pās men etīem hai?

Ich brauche einen Geldautomat.

मैं एटीएम ढूंढ रहा /रही/ हूँ।
main etīem dhūnrh raha /rahī/ hūn.

Ich suche eine Wechselstube.

मैं मुद्रा विनिमय केंद्र ढूंढ रहा
/रही/ हूँ।
main mudra vinimay kendr dhūnrh raha
/rahī/ hūn.

Ich möchte ... wechseln.

मैं ... बदलना चाहूँगा /चाहूँगी/।
main ... badalana chāhūngā /chāhūngī/.

Was ist der Wechselkurs?

एक्सचेंज रेट क्या है?
eksachenj ret kya hai?

Brauchen Sie meinen Reisepass?

क्या मुझे पासपोर्ट की ज़रूरत है?
kya mujhe pāsaport kī zarūrat hai?

Zeit

Wie spät ist es?	क्या बजा है? kya baja hai?
Wann?	कब? kab?
Um wie viel Uhr?	कितने बजे? kitane baje?
jetzt | später | nach …	अभी | बाद में | … के बाद abhī | bād men | … ke bād
ein Uhr	एक बजे ek baje
Viertel zwei	सवा एक बजे sava ek baje
Ein Uhr dreißig	डेढ़ बजे derh baje
Viertel vor zwei	पौने दो बजे paune do baje
eins | zwei | drei	एक | दो | तीन ek | do | tīn
vier | fünf | sechs	चार | पांच | छह chār | pānch | chhah
sieben | acht | neun	सात | आठ | नौ sāt | āth | nau
zehn | elf | zwölf	दस | ग्यारह | बारह das | gyārah | bārah
in …	… में … men
fünf Minuten	पाँच मिनट pānch minat
zehn Minuten	दस मिनट das minat
fünfzehn Minuten	पंद्रह मिनट pandrah minat
zwanzig Minuten	बीस मिनट bīs minat
einer halben Stunde	आधे घंटे ādha ghanta
einer Stunde	एक घंटे ek ghante

am Vormittag	सुबह में subah men
früh am Morgen	सुबह-सेवरे subah-severe
diesen Morgen	इस सुबह is subah
morgen früh	कल सुबह kal subah
am Mittag	दोपहर में dopahar men
am Nachmittag	दोपहर में dopahar men
am Abend	शाम में shām men
heute Abend	आज रात āj rāt
in der Nacht	रात को rāt ko
gestern	कल kal
heute	आज āj
morgen	कल kal
übermorgen	कल के बाद वाला दिन kal ke bād vāla din
Welcher Tag ist heute?	आज कौन-सा दिन है? āj kaun-sa din hai?
Es ist ...	आज ... है āj ... hai.
Montag	सोमवार somavār
Dienstag	मंगलवार mangalavār
Mittwoch	बुधवार budhavār
Donnerstag	गुरुवार guruvār
Freitag	शुक्रवार shukravār
Samstag	शनिवार shanivār
Sonntag	रविवार ravivār

Begrüßungen und Vorstellungen

Hallo.	नमस्कार namaskār.
Freut mich, Sie kennen zu lernen.	आपसे मिलकर ख़ुशी हुई। āpase milakar khushī huī.
Ganz meinerseits.	मुझे भी। mujhe bhī.
Darf ich vorstellen? Das ist …	मैं आपको … से मिलाना चाहूँगा /चाहूँगी/। main āpako … se milāna chāhūnga /chāhūngī/.
Sehr angenehm.	आपसे मिलकर अच्छा लगा। āpase milakar achchha laga.

Wie geht es Ihnen?	आप कैसे /कैसी/ हैं? āp kaise /kaisī/ hain?
Ich heiße …	मेरा नाम … है mera nām … hai.
Er heißt …	इसका नाम … है। isaka nām … hai.
Sie heißt …	इसका नाम … है। isaka nām … hai.
Wie heißen Sie?	आपका क्या नाम है? āpaka kya nām hai?
Wie heißt er?	इसका क्या नाम है? isaka kya nām hai?
Wie heißt sie?	इसका क्या नाम है? isaka kya nām hai?

Wie ist Ihr Nachname?	आपका आख़िरी नाम क्या है? āpaka ākhirī nām kya hai?
Sie können mich … nennen.	आप मुझे … बुला सकते /सकती/ हैं। āp mujhe … bula sakate /sakatī/ hain.
Woher kommen Sie?	आप कहाँ से हैं? āp kahān se hain?
Ich komme aus …	मैं … हूँ। main … hūn.
Was machen Sie beruflich?	आप क्या काम करते /करती/ हैं? āp kya kām karate /karatī/ hain?

Wer ist das?	यह कौन है? yah kaun hai?
Wer ist er?	यह कौन है? yah kaun hai?

Wer ist sie?	यह कौन है? yah kaun hai?
Wer sind sie?	ये कौन हैं? ye kaun hain?

Das ist …	यह … है। yah … hai.
mein Freund	मेरा दोस्त mera dost
meine Freundin	मेरी सहेली merī sahelī
mein Mann	मेरे पति mere pati
meine Frau	मेरी पत्नी merī patnī

mein Vater	मेरे पिता mere pita
meine Mutter	मेरी माँ merī mān
mein Bruder	मेरे भाई mere bhaī
meine Schwester	मेरी बहन merī bahan
mein Sohn	मेरा बेटा mera beta
meine Tochter	मेरी बेटी merī betī

Das ist unser Sohn.	यह मेरा बेटा है। yah mera beta hai.
Das ist unsere Tochter.	यह मेरी बेटी है। yah merī betī hai.
Das sind meine Kinder.	ये मेरे बच्चे हैं। ye mere bachche hain.
Das sind unsere Kinder.	ये हमारे बच्चे हैं। ye hamāre bachche hain.

Verabschiedungen

Auf Wiedersehen!	अलविदा! alavida!
Tschüss!	बाय! bāy!
Bis morgen.	कल मिलते हैं kal milate hain.
Bis bald.	जल्दी मिलते हैं jaldī milate hain.
Bis um sieben.	सात बजे मिलते हैं sāt baje milate hain.
Viel Spaß!	मज़े करो! maze karo!
Wir sprechen später.	बाद में बात करते हैं bād men bāt karate hain.
Ich wünsche Ihnen ein schönes Wochenende.	तुम्हारा सप्ताहांत शुभ रहे tumhāra saptāhānt shubh rahe.
Gute Nacht.	शुभ रात्रि shubh rātri.
Es ist Zeit, dass ich gehe.	मेरे जाने का वक्त हो गया है mere jāne ka vakt ho gaya hai.
Ich muss gehen.	मुझे जाना होगा mujhe jāna hai.
Ich bin gleich wieder da.	मैं अभी वापिस आता /आती/ हूँ main abhī vāpis āta /ātī/ hūn.
Es ist schon spät.	देर हो गई है der ho gaī hai.
Ich muss früh aufstehen.	मुझे जल्दी उठना है mujhe jaldī uthana hai.
Ich reise morgen ab.	मैं कल जाने वाला /वाली/ हूँ main kal jāne vāla /vālī/ hūn.
Wir reisen morgen ab.	हम कल जाने वाले हैं ham kal jāne vāle hain.
Ich wünsche Ihnen eine gute Reise!	आपकी यात्रा शानदार हो! āpakī yātra shānadār ho!
Hat mich gefreut, Sie kennen zu lernen.	आपसे मिलकर अच्छा लगा āpase milakar achchha laga.
Hat mich gefreut mit Ihnen zu sprechen.	आपसे बातें करके अच्छा लगा āpase bāten karake achchha laga.
Danke für alles.	हर चीज़ के लिए शुक्रिया har chīz ke lie shukriya.

Ich hatte eine sehr gute Zeit.

मैंने बहुत अच्छा वक्त बिताया।
mainne bahut achchha vakt bitāya.

Wir hatten eine sehr gute Zeit.

हमने बहुत अच्छा वक्त बिताया।
hamane bahut achchha vakt bitāya.

Es war wirklich toll.

बहुत मज़ा आया।
bahut maza āya.

Ich werde Sie vermissen.

मुझे तुम्हारी याद आएगी।
mujhe tumhārī yād āegī.

Wir werden Sie vermissen.

हमें आपकी याद आएगी।
hamen āpakī yād āegī.

Viel Glück!

गुड लक!
gud lak!

Grüßen Sie …

... को नमस्ते बोलना।
... ko namaste bolana.

Fremdsprache

Ich verstehe nicht.	मुझे समझ नहीं आया। mujhe samajh nahin āya.
Schreiben Sie es bitte auf.	इसे लिख दीजिए, प्लीज़। ise likh dījie, plīz.
Sprechen Sie ...?	क्या आप ... बोलते /बोलती/ हैं? kya āp ... bolate /bolatī/ hain?
Ich spreche ein bisschen ...	मैं थोड़ा-बहुत ... बोल सकता /सकती/ हूँ। main thora-bahut ... bol sakata /sakatī/ hūn.
Englisch	अंग्रेज़ी angrezī
Türkisch	तुर्की turkī
Arabisch	अरबी arabī
Französisch	फ्रांसिसी frānsisī
Deutsch	जर्मन jarman
Italienisch	इतालवी itālavī
Spanisch	स्पेनी spenī
Portugiesisch	पुर्तगाली purtagālī
Chinesisch	चीनी chīnī
Japanisch	जापानी jāpānī
Können Sie das bitte wiederholen.	क्या आप इसे दोहरा सकते हैं kya āp ise dohara sakate hain.
Ich verstehe.	मैं समझ गया /गई/। main samajh gaya /gaī/.
Ich verstehe nicht.	मुझे समझ नहीं आया। mujhe samajh nahin āya.
Sprechen Sie etwas langsamer.	कृपया थोड़ा और धीरे बोलिये। kṛpaya thora aur dhīre boliye.

Ist das richtig?

क्या यह सही है?
kya yah sahī hai?

Was ist das? (Was bedeutet das?)

यह क्या है?
yah kya hai?

Entschuldigungen

Entschuldigen Sie bitte.

मुझे माफ़ करना।
mujhe māf karana.

Es tut mir leid.

मुझे माफ़ कर दो।
mujhe māf karana.

Es tut mir sehr leid.

मैं बहुत शर्मिन्दा हूँ।
main bahut sharminda hūn.

Es tut mir leid, das ist meine Schuld.

माफ़ करना, यह मेरी गलती है।
māf karana, yah merī galatī hai.

Das ist mein Fehler.

मेरी गलती।
merī galatī.

Darf ich ...?

क्या मैं ... सकता /सकती/ हूँ?
kya main ... sakata /sakatī/ hūn?

Haben Sie etwas dagegen, wenn ich ...?

क्या मैं ... सकता /सकती/ हूँ?
kya main ... sakata /sakatī/ hūn?

Es ist okay.

कोई बात नहीं।
koī bāt nahin.

Alles in Ordnung.

सब कुछ ठीक है।
sab kuchh thīk hai.

Machen Sie sich keine Sorgen.

फिक्र मत करो।
fikr mat karo.

Einigung

Ja.
हाँ।
hān.

Ja, natürlich.
हाँ, बिल्कुल।
hān, bilkul.

Ok! (Gut!)
ओके! बढ़िया!
oke! barhiya!

Sehr gut.
ठीक है।
thīk hai.

Natürlich!
बिल्कुल!
bilkul!

Genau.
मैं सहमत हूँ।
main sahamat hūn.

Das stimmt.
यह सही है।
yah sahī hai.

Das ist richtig.
यह ठीक है।
yah thīk hai.

Sie haben Recht.
आप सही हैं।
āp sahī hain.

Ich habe nichts dagegen.
मुझे बुरा नहीं लगेगा।
mujhe bura nahin lagega.

Völlig richtig.
बिल्कुल सही।
bilkul sahī.

Das kann sein.
हो सकता है।
ho sakata hai.

Das ist eine gute Idee.
यह अच्छा विचार है।
yah achchha vichār hai.

Ich kann es nicht ablehnen.
मैं नहीं नहीं बोल सकता
/सकती/ हूँ।
main nahin nahin bol sakata
/sakatī/ hūn.

Ich würde mich freuen.
मुझे ख़ुश होगी।
mujhe khush hogī.

Gerne.
ख़ुशी से।
khushī se.

Ablehnung. Äußerung von Zweifel

Nein.
नहीं।
nahin.

Natürlich nicht.
बिल्कुल नहीं।
bilkul nahin.

Ich stimme nicht zu.
मैं सहमत नहीं हूँ।
main sahamat nahin hūn.

Das glaube ich nicht.
मुझे नहीं लगता है।
mujhe nahin lagata hai.

Das ist falsch.
यह सही नहीं है।
yah sahī nahin hai.

Sie liegen falsch.
आप गलत हैं।
āp galat hain.

Ich glaube, Sie haben Unrecht.
मेरे ख्याल में आप गलत हैं।
mere khyāl men āp galat hain.

Ich bin nicht sicher.
मुझे पक्का नहीं पता है।
mujhe pakka nahin pata hai.

Das ist unmöglich.
यह मुमकिन नहीं है।
yah mumakin nahin hai.

Nichts dergleichen!
ऐसा कुछ नहीं हुआ!
aisa kuchh nahin hua!

Im Gegenteil!
इससे बिल्कुल उलटा।
isase bilkul ulata.

Ich bin dagegen.
मैं इसके खिलाफ़ हूँ।
main isake khilāf hūn.

Es ist mir egal.
मुझे कोई फर्क नहीं पड़ता।
mujhe koī fark nahin parata.

Keine Ahnung.
मुझे कुछ नहीं पता।
mujhe kuchh nahin pata.

Ich bezweifle, dass es so ist.
मुझे इस बात पर शक है।
mujhe is bāt par shak hai.

Es tut mir leid, ich kann nicht.
माफ़ करना, मैं नहीं कर सकता
/सकती/ हूँ।
māf karana, main nahin kar sakata
/sakatī/ hūn.

Es tut mir leid, ich möchte nicht.
माफ़ करना, मैं नहीं करना चाहता
/चाहती/ हूँ।
māf karana, main nahin karana chāhata
/chāhatī/ hūn.

Danke, das brauche ich nicht.
शुक्रिया, मगर मुझे इसकी ज़रूरत
नहीं है।
shukriya, magar mujhe isakī zarūrat
nahin hai.

Es ist schon spät.

देर हो रही है।
der ho rahī hai.

Ich muss früh aufstehen.

मुझे जल्दी उठना है।
mujhe jaldī uthana hai.

Mir geht es schlecht.

मेरी तबियत ठीक नहीं है।
merī tabiyat thīk nahin hai.

Dankbarkeit ausdrücken

Danke.

शुक्रिया।
shukriya.

Dankeschön.

बहुत बहुत शुक्रिया।
bahut bahut shukriya.

Ich bin Ihnen sehr verbunden.

मैं बहुत आभारी हूँ।
main bahut ābhārī hūn.

Ich bin Ihnen sehr dankbar.

मैं बहुत बहुत आभारी हूँ।
main bahut bahut ābhārī hūn.

Wir sind Ihnen sehr dankbar.

हम बहुत आभारी हैं।
ham bahut ābhārī hain.

Danke, dass Sie Ihre Zeit
geopfert haben.

आपके वक्त के लिए शुक्रिया।
āpake vakt ke lie shukriya.

Danke für alles.

हर चीज़ के लिए शुक्रिया।
har chīz ke lie shukriya.

Danke für …

... के लिए शुक्रिया।
... ke lie shukriya.

Ihre Hilfe

आपकी मदद
āpakī madad

die schöne Zeit

अच्छे वक्त
achchhe vakt

das wunderbare Essen

बढ़िया खाने
barhiya khāne

den angenehmen Abend

खुशनुमा शाम
khushanuma shām

den wunderschönen Tag

बढ़िया दिन
barhiya din

die interessante Führung

अद्भुत सफर
adbhut safar

Keine Ursache.

शुक्रिया की कोई ज़रूरत नहीं।
shukriya kī koī zarūrat nahin.

Nichts zu danken.

आपका स्वागत है।
āpaka svāgat hai.

Immer gerne.

कभी भी।
kabhī bhī.

Es freut mich, geholfen zu haben.

यह मेरे लिए खुशी की बात है।
yah mere lie khushī kī bāt hai.

Vergessen Sie es.

भूल जाओ।
bhūl jao.

Machen Sie sich keine Sorgen.

फिक्र मत करो।
fikr mat karo.

Glückwünsche. Beste Wünsche

Glückwunsch!
मुबारक हो!
mubārak ho!

Alles gute zum Geburtstag!
जन्मदिन की बधाई!
janmadin kī badhaī!

Frohe Weihnachten!
बड़ा दिन मुबारक हो!
bara din mubārak ho!

Frohes neues Jahr!
नए साल की बधाई!
nae sāl kī badhaī!

Frohe Ostern!
ईस्टर की शुभकामनाएं!
īstar kī shubhakāmanaen!

Frohes Hanukkah!
हनुका की बधाईयाँ!
hanuka kī badhaīyān!

Ich möchte einen Toast ausbringen.
मैं एक टोस्ट करना चाहूँगा /चाहूँगी/।
main ek tost karana chāhūnga /chāhūngī/.

Auf Ihr Wohl!
चियर्स!
chiyars!

Trinken wir auf …!
… के लिए पीया जाए!
… ke lie pīya jae!

Auf unseren Erfolg!
हमारी कामियाबी!
hamārī kāmiyābī!

Auf Ihren Erfolg!
आपकी कामियाबी!
āpakī kāmiyābī!

Viel Glück!
गुड लक!
gud lak!

Einen schönen Tag noch!
आपका दिन शुभ हो!
āpaka din shubh ho!

Haben Sie einen guten Urlaub!
आपकी छुट्टी अच्छी रहे!
āpakī chhuttī achchhī rahe!

Haben Sie eine sichere Reise!
आपका सफर सुरक्षित रहे!
āpaka safar surakshit rahe!

Ich hoffe es geht Ihnen bald besser!
मैं उम्मीद करता /करती/ हूँ कि आप जल्द ही ठीक हो जाएंगे!
main ummīd karata /karatī/ hūn ki āp jald hī thīk ho jaenge!

Sozialisieren

Warum sind Sie traurig?

आप उदास क्यों हैं?
āp udās kyon hain?

Lächeln Sie!

मुस्कुराओ! खुश रहो!
muskurao! khush raho!

Sind Sie heute Abend frei?

क्या आप आज रात फ्री हैं?
kya āp āj rāt frī hain?

Darf ich Ihnen was zum
Trinken anbieten?

क्या मैं आपके लिए एक ड्रिंक खरीद
सकता /सकती/ हूँ?
kya main āpake lie ek drink kharīd
sakata /sakatī/ hūn?

Möchten Sie tanzen?

क्या आप डांस करना चाहेंगी
/चाहेंगी/?
kya āp dāns karana chāhengī
/chāhengī/?

Gehen wir ins Kino.

चलिए फ़िल्म देखने चलते हैं।
chalie film dekhane chalate hain.

Darf ich Sie ins ... einladen?

क्या मैं आपको ... इन्वाइट
कर सकता /सकती/ हूँ?
kya main āpako ... invait
kar sakata /sakatī/ hūn?

Restaurant

रेस्तरां
restarān

Kino

फ़िल्म के लिए
film ke lie

Theater

थियेटर के लिए
thiyetar ke lie

auf einen Spaziergang

वॉक के लिए
vok ke lie

Um wie viel Uhr?

कितने बजे?
kitane baje?

heute Abend

आज रात
āj rāt

um sechs Uhr

छह बजे
chhah baje

um sieben Uhr

सात बजे
sāt baje

um acht Uhr

आठ बजे
āth baje

um neun Uhr

नौ बजे
nau baje

Gefällt es Ihnen hier?

क्या आपको यहाँ अच्छा लगता है?
kya āpako yahān achchha lagata hai?

Sind Sie hier mit jemandem?

क्या आप यहाँ किसी के साथ
आए /आई/ हैं?
kya āp yahān kisī ke sāth
āe /āī/ hain?

Ich bin mit meinem Freund /meiner Freundin/.

मैं अपने दोस्त के साथ हूँ।
main apane dost ke sāth hūn.

Ich bin mit meinen Freunden.

मैं अपने दोस्तों के साथ हूँ।
main apane doston ke sāth hūn.

Nein, ich bin alleine.

नहीं, मैं अकेला /अकेली/ हूँ।
nahin, main akela /akelī/ hūn.

Hast du einen Freund?

क्या आपका कोई बॉयफ्रेंड है?
kya āpaka koī boyafrend hai?

Ich habe einen Freund.

मेरा बॉयफ्रेंड है।
mera boyafrend hai.

Hast du eine Freundin?

क्या आपकी कोई गर्लफ्रेंड है?
kya āpakī koī garlafrend hai?

Ich habe eine Freundin.

मेरी एक गर्लफ्रेंड है।
merī ek garlafrend hai.

Kann ich dich nochmals sehen?

क्या आपसे फिर मिल सकता
/सकती/ हूँ?
kya āpase fir mil sakata
/sakatī/ hūn?

Kann ich dich anrufen?

क्या मैं आपको कॉल कर सकता
/सकती/ हूँ?
kya main āpako kol kar sakata
/sakatī/ hūn?

Ruf mich an.

मुझे कॉल करना।
mujhe kol karana.

Was ist deine Nummer?

आपका नंबर क्या है?
āpaka nambar kya hai?

Ich vermisse dich.

मुझे तुम्हारी याद आ रही है।
mujhe tumhārī yād ā rahī hai.

Sie haben einen schönen Namen.

आपका नाम बहुत खूबसूरत है।
āpaka nām bahut khūbasūrat hai.

Ich liebe dich.

मैं तुमसे प्यार करता /करती/ हूँ।
main tumase pyār karata /karatī/ hūn.

Willst du mich heiraten?

क्या तुम मुझसे शादी करोगे /करोगी/?
kya tum mujhase shādī karoge /karogī/?

Sie machen Scherze!

तुम मज़ाक कर रहे /रही/ हो।
tum mazāk kar rahe /rahī/ ho!

Ich habe nur gescherzt.

मैं बस मज़ाक कर रहा /रही हूँ।
main bas mazāk kar raha rahī hūn.

Ist das Ihr Ernst?

क्या आप सीरियस हैं?
kya āp sīriyas hain?

Das ist mein Ernst.

मैं सीरियस हूँ।
main sīriyas hūn.

Echt?!

सच में?!
sach men?!

Das ist unglaublich!

मुझे यकिन नहीं होता!
mujhe yakin nahin hota!

Ich glaube Ihnen nicht.

मुझे तुम पर यकिन नहीं है।
mujhe tum par yakin nahin hai.

Ich kann nicht.

मैं नहीं आ सकता /सकती/।
main nahin ā sakata /sakatī/.

Ich weiß nicht.

मुझे नहीं मालूम।
mujhe nahin mālūm.

Ich verstehe Sie nicht.

मुझे आपकी बात समझ नहीं आई।
mujhe āpakī bāt samajh nahin āī.

Bitte gehen Sie weg.

यहाँ से चले जाईये।
yahān se chale jaīye.

Lassen Sie mich in Ruhe!

मुझे अकेला छोड़ दो!
mujhe akela chhor do!

Ich kann ihn nicht ausstehen.

मैं उसे बर्दाश्त नहीं कर सकता
/सकती/ हूँ।
main use bardāsht nahin kar sakata
/sakatī/ hūn.

Sie sind widerlich!

तुमसे घिन्न आती है!
tumase ghinn ātī hai!

Ich rufe die Polizei an!

मैं पुलिस बुला लूँगा /लूँगी/!
main pulis bula lūnga /lūngī/!

Gemeinsame Eindrücke. Emotionen

Das gefällt mir.	मुझे यह पसंद है। mujhe yah pasand hai.
Sehr nett.	बहुत अच्छा। bahut achchha.
Das ist toll!	बहुत बढ़िया! bahut barhiya!
Das ist nicht schlecht.	बुरा नहीं है। bura nahin hai.
Das gefällt mir nicht.	मुझे यह पसंद नहीं है। mujhe yah pasand nahin hai.
Das ist nicht gut.	यह अच्छा नहीं है। yah achchha nahin hai.
Das ist schlecht.	यह बुरा है। yah bura hai.
Das ist sehr schlecht.	यह बहुत बुरा है। yah bahut bura hai.
Das ist widerlich.	यह घिनौना है। yah ghinauna hai.
Ich bin glücklich.	मैं खुश हूँ। main khush hūn.
Ich bin zufrieden.	मैं संतुष्ट हूँ। main santusht hūn.
Ich bin verliebt.	मुझे प्यार हो गया है। mujhe pyār ho gaya hai.
Ich bin ruhig.	मैं शांत हूँ। main shānt hūn.
Ich bin gelangweilt.	मुझे बोरियत हो रही है। mujhe boriyat ho rahī hai.
Ich bin müde.	मैं थक गया /गई/ हूँ। main thak gaya /gaī/ hūn.
Ich bin traurig.	मैं दुखी हूँ। main dukhī hūn.
Ich habe Angst.	मुझे डर लग रहा हैं। mujhe dar lag raha hain.
Ich bin wütend.	मुझे गुस्सा आ रहा है। mujhe gussa ā raha hai.
Ich mache mir Sorgen.	मैं परेशान हूँ। main pareshān hūn.
Ich bin nervös.	मुझे घवराहट हो रही है। mujhe ghavarāhat ho rahī hai.

Ich bin eifersüchtig.

मुझे जलन हो रही है।
mujhe jalan ho rahī hai.

Ich bin überrascht .

मुझे हैरानी हो रही है।
mujhe hairānī ho rahī hai.

Es ist mir peinlich.

मुझे समझ नहीं आ रहा है।
mujhe samajh nahin ā raha hai.

Probleme. Unfälle

Ich habe ein Problem.	मुझे एक परेशानी है। mujhe ek pareshānī hai.
Wir haben Probleme.	हमें परेशानी है। hamen pareshānī hai.
Ich bin verloren.	मैं खो गया /गई/ हूँ। main kho gaya /gaī/ hūn.
Ich habe den letzten Bus (Zug) verpasst.	मुझसे आखिरी बस छूट गई। mujhase ākhirī bas chhūt gaī.
Ich habe kein Geld mehr.	मेरे पास पैसे नहीं बचे। mere pās paise nahin bache.

Ich habe mein ... verloren.	मेरा ... खो गया है। mera ... kho gaya hai.
Jemand hat mein ... gestohlen.	किसी ने मेरा ... चुरा लिया। kisī ne mera ... churā liya.
Reisepass	पासपोर्ट pāsaport
Geldbeutel	बटुआ batua
Papiere	कागज़ात kāgazāt
Fahrkarte	टिकट tikat
Geld	पैसा paisa
Tasche	पर्स pars
Kamera	कैमरा kaimara
Laptop	लैपटॉप laipatop
Tabletcomputer	टैबलेट taibalet
Handy	मोबाइल फ़ोन mobail fon

Hilfe!	मेरी मदद करो! merī madad karo!
Was ist passiert?	क्या हुआ? kya hua?
Feuer	आग āg
Schießerei	गोलियाँ चल रही हैं goliyān chal rahī hain

Mord	कत्ल हो गया है katl ho gaya hai
Explosion	विस्फोट हो गया है visfot ho gaya hai
Schlägerei	लड़ाई हो गई है laraī ho gaī hai

Rufen Sie die Polizei!	पुलिस को बुलाओ! pulis ko bulāo!
Beeilen Sie sich!	कृपया जल्दी करें! kṛpaya jaldī karen!
Ich suche nach einer Polizeistation.	मैं पुलिस थाना ढूंढ रहा /रही/ हूँ। main pulis thāna dhūnrh raha /rahī/ hūn.
Ich muss einen Anruf tätigen.	मुझे फ़ोन करना है। mujhe fon karana hai.
Kann ich Ihr Telefon benutzen?	क्या मैं आपका फ़ोन इस्तेमाल कर सकता /सकती/ हूँ? kya main āpaka fon istemāl kar sakata /sakatī/ hūn?

ausgeraubt	मेरा सामान चुरा लिया गया है mera sāmān chura liya gaya hai
überfallen	मुझे लूट लिया गया है mujhe lūt liya gaya hai
vergewaltigt	मेरा बालात्कार किया गया है mera bālātkār kiya gaya hai
angegriffen	मुझे पीटा गया है mujhe pīta gaya hai

Ist bei Ihnen alles in Ordnung?	क्या आप ठीक हैं? kya āp thīk hain?
Haben Sie gesehen wer es war?	क्या आपने देखा कौन था? kya āpane dekha kaun tha?
Sind Sie in der Lage die Person wiederzuerkennen?	क्या आप उसे पहचान सकेंगे /सकेंगी/? kya āp use pahachān sakenge /sakengī/?
Sind sie sicher?	क्या आपको यकीन है? kya āpako yakīn hai?

Beruhigen Sie sich bitte!	कृपया शांत हो जाएं। kṛpaya shānt ho jaen.
Ruhig!	आराम से! ārām se!
Machen Sie sich keine Sorgen	चिंता मत करो! chinta mat karo!
Alles wird gut.	सब ठीक हो जायेगा। sab thīk ho jāyega.
Alles ist in Ordnung.	सब कुछ ठीक है। sab kuchh thīk hai.
Kommen Sie bitte her.	कृपया यहाँ आइये। kṛpaya yahān āiye.

Ich habe einige Fragen für Sie.

मेरे पास तुम्हारे लिए कुछ प्रश्न है।
mere pās tumhāre lie kuchh prashn hai.

Warten Sie einen Moment bitte.

कृपया एक क्षण रुकें।
kṛpaya ek kshan ruken.

Haben Sie einen Identifikationsnachweis?

क्या आपके पास आईडी है?
kya āpake pās āīdī hai?

Danke. Sie können nun gehen.

धन्यवाद। आप अब जा सकते /सकती/ हैं।
dhanyavād. āp ab ja sakate /sakatī/ hain.

Hände hinter dem Kopf!

अपने हाथ सिर के पीछे रखें!
apane hāth sir ke pīchhe rakhen!

Sie sind verhaftet!

आप हिरासत में हैं!
āp hirāsat men hain!

Gesundheitsprobleme

Helfen Sie mir bitte.	कृपया मेरी मदद करें। kṛpaya merī madad karen.
Mir ist schlecht.	मेरी तबियत ठीक नहीं है। merī tabiyat thīk nahin hai.
Meinem Ehemann ist schlecht.	मेरे पति को ठीक महसूस नहीं हो रहा है। mere pati ko thīk mahasūs nahin ho raha hai.
Mein Sohn …	मेरे बेटे … mere bete …
Mein Vater …	मेरे पिता … mere pita …
Meine Frau fühlt sich nicht gut.	मेरी पत्नी को ठीक महसूस नहीं हो रहा है। merī patnī ko thīk mahasūs nahin ho raha hai.
Meine Tochter …	मेरी बेटी … merī betī …
Meine Mutter …	मेरी माँ … merī mān …
Kopf-	मुझे सिरदर्द है। mujhe siradard hai.
Hals-	मेरा गला ख़राब है। mera gala kharāb hai.
Bauch-	मेरे पेट में दर्द है। mere pet men dard hai.
Zahn-	मेरे दाँत में दर्द है। mere dānt men dard hai.
Mir ist schwindelig.	मुझे चक्कर आ रहा है। mujhe chakkar ā raha hai.
Er hat Fieber.	इसे बुखार है। ise bukhār hai.
Sie hat Fieber.	इसे बुखार है। ise bukhār hai.
Ich kann nicht atmen.	मैं साँस नहीं ले पा रहा /रही/ हूँ। main sāns nahin le pa raha /rahī/ hūn.
Ich kriege keine Luft.	मेरी साँस फूल रही है। merī sāns fūl rahī hai.
Ich bin Asthmatiker.	मुझे दमा है। mujhe dama hai.

Ich bin Diabetiker /Diabetikerin/

मैं मधुमेह का /की/ रोगी हूँ।
main madhumeh ka /kī/ rogī hūn.

Ich habe Schlaflosigkeit.

मैं सो नहीं पा रहा /रही/ हूँ।
main so nahin pa raha /rahī/ hūn.

Lebensmittelvergiftung

फ़ूड पॉएज़निंग
fūd poezaning

Es tut hier weh.

यहाँ दुखता हैं।
yahān dukhata hain.

Hilfe!

मेरी मदद करो!
merī madad karo!

Ich bin hier!

मैं यहाँ हूँ!
main yahān hūn!

Wir sind hier!

हम यहाँ हैं!
ham yahān hain!

Bringen Sie mich hier raus!

मुझे यहां से बाहर निकालो!
mujhe yahān se bāhar nikālo!

Ich brauche einen Arzt.

मुझे एक डॉक्टर की ज़रुरत है
mujhe ek doktar kī zarurat hai.

Ich kann mich nicht bewegen.

मैं हिल नहीं सकता /सकती/ हूँ।
main hil nahin sakata /sakatī/ hūn.

Ich kann meine Beine nicht bewegen.

मैं अपने पैरों को नहीं हिला
पा रहा /रही/ हूँ।
main apane pairon ko nahin hila
pa raha /rahī/ hūn.

Ich habe eine Wunde.

मुझे चोट लगी है।
mujhe chot lagī hai.

Ist es ernst?

क्या यह गंभीर है?
kya yah gambhīr hai?

Meine Dokumente sind in meiner
Hosentasche.

मेरे दस्तावेज़ मेरी जेब में हैं।
mere dastāvez merī jeb men hain.

Beruhigen Sie sich!

शांत हो जाओ!
shānt ho jao!

Kann ich Ihr Telefon benutzen?

क्या मैं आपका फ़ोन इस्तेमाल
कर सकता /सकती/ हूँ?
kya main āpaka fon istemāl
kar sakata /sakatī/ hūn?

Rufen Sie einen Krankenwagen!

एम्बुलेन्स बुलाओ!
embulens bulao!

Es ist dringend!

बहुत ज़रूरी है!
bahut zarūrī hai!

Es ist ein Notfall!

यह एक आपातकाल है!
yah ek āpātakāl hai!

Schneller bitte!

कृपया जल्दी करें!
kṛpaya jaldī karen!

Können Sie bitte einen Arzt rufen?

क्या आप डॉक्टर को बुला देंगे /देंगी/?
kya āp doktar ko bula denge /dengī/?

Wo ist das Krankenhaus?

अस्पताल कहाँ है?
aspatāl kahān hai?

Wie fühlen Sie sich?

आप कैसा महसूस कर रहे /रही/ हैं?
āp kaisa mahasūs kar rahe /rahī/ hain?

Ist bei Ihnen alles in Ordnung?

क्या आप ठीक हैं?
kya āp thīk hain?

Was ist passiert?

क्या हुआ?
kya hua?

Mir geht es schon besser.

मैं अब ठीक हूँ।
main ab thīk hūn.

Es ist in Ordnung.

सब ठीक है।
sab thīk hai.

Alles ist in Ordnung.

सब कुछ ठीक है।
sab kuchh thīk hai.

In der Apotheke

Apotheke	दवा की दुकान
	dava kī dukān
24 Stunden Apotheke	चौबीसू घंटे खुलने वाली दवा की दुकान
	chaubīs ghante khulane vālī dava kī dukān
Wo ist die nächste Apotheke?	सबसे करीबी दवा की दुकान कहाँ है?
	sabase karībī dava kī dukān kahān hai?
Ist sie jetzt offen?	क्या वह अभी खुली है?
	kya vah abhī khulī hai?
Um wie viel Uhr öffnet sie?	वह कितने बजे खुलती है?
	vah kitane baje khulatī hai?
Um wie viel Uhr schließt sie?	वह कितने बजे बंद होती है?
	vah kitane baje band hotī hai?
Ist es weit?	क्या वह दूर है?
	kya vah dūr hai?
Kann ich dort zu Fuß hingehen?	क्या मैं वहाँ पैदल जा सकता /सकती/ हूँ?
	kya main vahān paidal ja sakata /sakatī/ hūn?
Können Sie es mir auf der Karte zeigen?	क्या आप मुझे नक्शे पर दिखा सकते /सकती/ हैं?
	kya āp mujhe nakshe par dikha sakate /sakatī/ hain?
Bitte geben sie mir etwas gegen …	मुझे ... के लिए कुछ दे दें|
	mujhe ... ke lie kuchh de den.
Kopfschmerzen	सिरदर्द
	siradard
Husten	खाँसी
	khānsī
eine Erkältung	जुकाम
	zukām
die Grippe	जुकाम-बुखार
	zukām-bukhār
Fieber	बुखार
	bukhār
Magenschmerzen	पेट दर्द
	pet dard
Übelkeit	मतली
	matalī

Durchfall	दस्त
	dast
Verstopfung	कब्ज
	kabz

Rückenschmerzen	पीठ दर्द
	pīth dard
Brustschmerzen	सीने में दर्द
	sīne men dard
Seitenstechen	पेट की माँसपेशी में दर्द
	pet kī mānsapeshī men dard
Bauchschmerzen	पेट दर्द
	pet dard

Pille	दवा
	dava
Salbe, Creme	मरहम, क्रीम
	maraham, krīm
Sirup	सिरप
	sirap
Spray	स्प्रे
	spre
Tropfen	ड्रॉप
	drop

Sie müssen ins Krankenhaus gehen.	आपको अस्पताल जाना चाहिए।
	āpako aspatāl jāna chāhie.
Krankenversicherung	स्वास्थ्य बीमा
	svāsthy bīma
Rezept	नुस्खा
	nuskha
Insektenschutzmittel	कीटरोधक
	kītarodhak
Pflaster	बैंड एड
	baind ed

Das absolute Minimum

Entschuldigen Sie bitte, …

माफ़ कीजिएगा, …
māf kījiega, …

Hallo.

नमस्कार।
namaskār.

Danke.

शुक्रिया।
shukriya.

Auf Wiedersehen.

अलविदा।
alavida.

Ja.

हाँ।
hān.

Nein.

नहीं।
nahin.

Ich weiß nicht.

मुझे नहीं मालूम।
mujhe nahin mālūm.

Wo? | Wohin? | Wann?

कहाँ? | कहाँ जाना है? | कब?
kahān? | kahān jāna hai? | kab?

Ich brauche …

मुझे … चाहिए।
mujhe … chāhie.

Ich möchte …

मैं … चाहता /चाहती/ हूँ।
main … chāhata /chāhatī/ hūn.

Haben Sie …?

क्या आपके पास … है?
kya āpake pās … hai?

Gibt es hier …?

क्या यहाँ … है?
kya yahān … hai?

Kann ich …?

क्या मैं … सकता /सकती/ हूँ?
kya main … sakata /sakatī/ hūn?

Bitte (anfragen)

…, कृपया।
…, krpaya.

Ich suche …

मैं … ढूँढ रहा /रही/ हूँ।
main … dhūnrh raha /rahī/ hūn.

die Toilette

शौचालय
shauchālay

den Geldautomat

एटीएम
etīem

die Apotheke

दवा की दुकान
dava kī dūkān

das Krankenhaus

अस्पताल
aspatāl

die Polizeistation

पुलिस थाना
pulis thāna

die U-Bahn

मेट्रो
metro

das Taxi	टैक्सी
	taiksī
den Bahnhof	ट्रेन स्टेशन
	tren steshan

Ich heiße …	मेरा नाम ... है।
	mera nām ... hai
Wie heißen Sie?	आपका क्या नाम है?
	āpaka kya nām hai?
Helfen Sie mir bitte.	क्या आप मेरी मदद कर सकते /सकती/ हैं?
	kya āp merī madad kar sakate /sakatī/ hain?
Ich habe ein Problem.	मुझे एक परेशानी है।
	mujhe ek pareshānī hai.
Mir ist schlecht.	मेरी तबियत ठीक नहीं है।
	merī tabiyat thīk nahin hai.
Rufen Sie einen Krankenwagen!	एम्बुलेन्स बुलाओ!
	embulens bulao!
Darf ich telefonieren?	क्या मैं एक फ़ोन कर सकता /सकती/ हूँ?
	kya main ek fon kar sakata /sakatī/ hūn?

Entschuldigung.	मुझे माफ़ करना।
	mujhe māf kar do.
Keine Ursache.	आपका स्वागत है।
	āpaka svāgat hai.

ich	मैं
	main
du	तू
	tu
er	वह
	vah
sie	वह
	vah
sie (Pl, Mask.)	वे
	ve
sie (Pl, Fem.)	वे
	ve
wir	हम
	ham
ihr	तुम
	tum
Sie	आप
	āp

EINGANG	प्रवेश
	pravesh
AUSGANG	निकास
	nikās

AUßER BETRIEB	ख़राब है kharāb hai
GESCHLOSSEN	बंद band
OFFEN	खुला khula
FÜR DAMEN	महिलाओं के लिए mahilaon ke lie
FÜR HERREN	पुरूषों के लिए purūshon ke lie

MINI-WÖRTERBUCH

Dieser Teil beinhaltet
250 nützliche Wörter, die für
die tägliche Kommunikation
benötigt werden. Sie werden
hier die Namen der Monate
und Wochentage finden.
Das Wörterbuch beinhaltet
auch Themen wie Farben,
Maße, Familie und mehr

T&P Books Publishing

INHALT WÖRTERBUCH

T&P Books Publishing

1. Zeit. Kalender

Zeit (f)	वक़्त (m)	vakt
Stunde (f)	घंटा (m)	ghanta
eine halbe Stunde	आधा घंटा	ādha ghanta
Minute (f)	मिनट (m)	minat
Sekunde (f)	सेकन्ड (m)	sekand
heute	आज	āj
morgen	कल	kal
gestern	कल	kal
Montag (m)	सोमवार (m)	somavār
Dienstag (m)	मंगलवार (m)	mangalavār
Mittwoch (m)	बुधवार (m)	budhavār
Donnerstag (m)	गुरूवार (m)	gurūvār
Freitag (m)	शुक्रवार (m)	shukravār
Samstag (m)	शनिवार (m)	shanivār
Sonntag (m)	रविवार (m)	ravivār
Tag (m)	दिन (m)	din
Arbeitstag (m)	कार्यदिवस (m)	kāryadivas
Feiertag (m)	सार्वजनिक छुट्टी (f)	sārvajanik chhuttī
Wochenende (n)	ससाहांत (m)	saptāhānt
Woche (f)	हफ़ता (f)	hafata
letzte Woche	पिछले हफ़्ते	pichhale hafate
nächste Woche	अगले हफ़्ते	agale hafate
morgens	सुबह में	subah men
nachmittags	दोपहर में	dopahar men
abends	शाम में	shām men
heute Abend	आज शाम	āj shām
nachts	रात में	rāt men
Mitternacht (f)	आधी रात (f)	ādhī rāt
Januar (m)	जनवरी (m)	janavarī
Februar (m)	फ़रवरी (m)	faravarī
März (m)	मार्च (m)	mārch
April (m)	अप्रैल (m)	aprail
Mai (m)	माई (m)	maī
Juni (m)	जून (m)	jūn
Juli (m)	जुलाई (m)	julaī
August (m)	अगस्त (m)	agast

September (m)	सितम्बर (m)	sitambar
Oktober (m)	अक्तूबर (m)	aktūbar
November (m)	नवम्बर (m)	navambar
Dezember (m)	दिसम्बर (m)	disambar
im Frühling	वसन्त में	vasant men
im Sommer	गरमियों में	garamiyon men
im Herbst	शरद में	sharad men
im Winter	सर्दियों में	sardiyon men
Monat (m)	महीना (m)	mahīna
Saison (f)	मौसम (m)	mausam
Jahr (n)	वर्ष (m)	varsh

2. Zahlen. Zahlwörter

null	ज़ीरो	zīro
eins	एक	ek
zwei	दो	do
drei	तीन	tīn
vier	चार	chār
fünf	पाँच	pānch
sechs	छह	chhah
sieben	सात	sāt
acht	आठ	āth
neun	नौ	nau
zehn	दस	das
elf	ग्यारह	gyārah
zwölf	बारह	bārah
dreizehn	तेरह	terah
vierzehn	चौदह	chaudah
fünfzehn	पन्द्रह	pandrah
sechzehn	सोलह	solah
siebzehn	सत्रह	satrah
achtzehn	अठारह	athārah
neunzehn	उन्नीस	unnīs
zwanzig	बीस	bīs
dreißig	तीस	tīs
vierzig	चालीस	chālīs
fünfzig	पचास	pachās
sechzig	साठ	sāth
siebzig	सत्तर	sattar
achtzig	अस्सी	assī
neunzig	नब्बे	nabbe
einhundert	सौ	sau

zweihundert	दो सौ	do sau
dreihundert	तीन सौ	tīn sau
vierhundert	चार सौ	chār sau
fünfhundert	पाँच सौ	pānch sau
sechshundert	छह सौ	chhah sau
siebenhundert	सात सो	sāt so
achthundert	आठ सौ	āth sau
neunhundert	नौ सौ	nau sau
eintausend	एक हज़ार	ek hazār
zehntausend	दस हज़ार	das hazār
hunderttausend	एक लाख	ek lākh
Million (f)	दस लाख (m)	das lākh
Milliarde (f)	अरब (m)	arab

3. Menschen. Familie

Mann (m)	आदमी (m)	ādamī
Junge (m)	युवक (m)	yuvak
Frau (f)	औरत (f)	aurat
Mädchen (n)	लड़की (f)	larakī
Greis (m)	बूढ़ा आदमी (m)	būrha ādamī
alte Frau (f)	बूढ़ी औरत (f)	būrhī aurat
Mutter (f)	माँ (f)	mān
Vater (m)	पिता (m)	pita
Sohn (m)	बेटा (m)	beta
Tochter (f)	बेटी (f)	betī
Bruder (m)	भाई (m)	bhaī
Schwester (f)	बहन (f)	bahan
Eltern (pl)	माँ-बाप (m pl)	mān-bāp
Kind (n)	बच्चा (m)	bachcha
Kinder (pl)	बच्चे (m pl)	bachche
Stiefmutter (f)	सौतेली माँ (f)	sautelī mān
Stiefvater (m)	सौतेले पिता (m)	sautele pita
Großmutter (f)	दादी (f)	dādī
Großvater (m)	दादा (m)	dāda
Enkel (m)	पोता (m)	pota
Enkelin (f)	पोती (f)	potī
Enkelkinder (pl)	पोते (m)	pote
Onkel (m)	चाचा (m)	chācha
Tante (f)	चाची (f)	chāchī
Neffe (m)	भतीजा (m)	bhatīja
Nichte (f)	भतीजी (f)	bhatījī
Frau (f)	पत्नी (f)	patnī

Mann (m)	पति (m)	pati
verheiratet (Ehemann)	शादीशुदा	shādīshuda
verheiratet (Ehefrau)	शादीशुदा	shādīshuda
Witwe (f)	विधवा (f)	vidhava
Witwer (m)	विधुर (m)	vidhur

| Vorname (m) | पहला नाम (m) | pahala nām |
| Name (m) | उपनाम (m) | upanām |

Verwandte (m)	रिश्तेदार (m)	rishtedār
Freund (m)	दोस्त (m)	dost
Freundschaft (f)	दोस्ती (f)	dostī

Partner (m)	पार्टनर (m)	pārtanar
Vorgesetzte (m)	अधीक्षक (m)	adhīkshak
Kollege (m), Kollegin (f)	सहकर्मी (m)	sahakarmī
Nachbarn (pl)	पड़ोसी (m pl)	parosī

4. Menschlicher Körper. Anatomie

Körper (m)	शरीर (m)	sharīr
Herz (n)	दिल (m)	dil
Blut (n)	खून (f)	khūn
Gehirn (n)	मस्तिष्क (m)	māstishk

Knochen (m)	हड्डी (f)	haddī
Wirbelsäule (f)	रीढ़ की हड्डी	rīrh kī haddī
Rippe (f)	पसली (f)	pasalī
Lungen (pl)	फेफड़े (m pl)	fefare
Haut (f)	त्वचा (f)	tvacha

Kopf (m)	सिर (m)	sir
Gesicht (n)	चेहरा (m)	chehara
Nase (f)	नाक (f)	nāk
Stirn (f)	माथा (m)	mātha
Wange (f)	गाल (m)	gāl

Mund (m)	मुँह (m)	munh
Zunge (f)	जीभ (m)	jībh
Zahn (m)	दाँत (m)	dānt
Lippen (pl)	होठ (m)	honth
Kinn (n)	ठोड़ी (f)	thorī

Ohr (n)	कान (m)	kān
Hals (m)	गरदन (m)	garadan
Auge (n)	आँख (f)	ānkh
Pupille (f)	आँख की पुतली (f)	ānkh kī putalī
Augenbraue (f)	भौंह (f)	bhaunh
Wimper (f)	बरौनी (f)	baraunī
Haare (pl)	बाल (m pl)	bāl

Frisur (f)	हेयरस्टाइल (m)	heyarastail
Schnurrbart (m)	मूँछें (f pl)	mūnchhen
Bart (m)	दाढ़ी (f)	dārhī
haben (einen Bart ~)	होना	hona
kahl	गंजा	ganja

Hand (f)	हाथ (m)	hāth
Arm (m)	बाँह (m)	bānh
Finger (m)	उँगली (m)	ungalī
Nagel (m)	नाखून (m)	nākhūn
Handfläche (f)	हथेली (f)	hathelī

Schulter (f)	कंधा (m)	kandha
Bein (n)	टाँग (f)	tāng
Knie (n)	घुटना (m)	ghutana
Ferse (f)	एड़ी (f)	erī
Rücken (m)	पीठ (f)	pīth

5. Kleidung. Persönliche Accessoires

Kleidung (f)	कपड़े (m)	kapare
Mantel (m)	ओवरकोट (m)	ovarakot
Pelzmantel (m)	फरकोट (m)	farakot
Jacke (z.B. Lederjacke)	जैकेट (f)	jaiket
Regenmantel (m)	बरसाती (f)	barasātī

Hemd (n)	कमीज़ (f)	kamīz
Hose (f)	पैंट (m)	paint
Jackett (n)	कोट (m)	kot
Anzug (m)	सूट (m)	sūt

Damenkleid (n)	फ्रॉक (f)	frok
Rock (m)	स्कर्ट (f)	skart
T-Shirt (n)	टी-शर्ट (f)	tī-shart
Bademantel (m)	बाथ रोब (m)	bāth rob
Schlafanzug (m)	पजामा (m)	pajāma
Arbeitskleidung (f)	वर्दी (f)	vardī

Unterwäsche (f)	अंगवस्त्र (m)	angavastr
Socken (pl)	मोज़े (m pl)	moze
Büstenhalter (m)	ब्रा (f)	bra
Strumpfhose (f)	टाइट्स (m pl)	taits
Strümpfe (pl)	स्टाकिंग (m pl)	stāking
Badeanzug (m)	स्विम सूट (m)	svim sūt

Mütze (f)	टोपी (f)	topī
Schuhe (pl)	पनही (f)	panahī
Stiefel (pl)	बूट (m pl)	būt
Absatz (m)	एड़ी (f)	erī
Schnürsenkel (m)	जूते का फीता (m)	jūte ka fīta

Schuhcreme (f)	बूट-पालिश (m)	būt-pālish
Handschuhe (pl)	दस्ताने (m pl)	dastāne
Fausthandschuhe (pl)	दस्ताने (m pl)	dastāne
Schal (Kaschmir-)	मफ़लर (m)	mafalar
Brille (f)	ऐनक (m pl)	ainak
Regenschirm (m)	छतरी (f)	chhatarī
Krawatte (f)	टाई (f)	taī
Taschentuch (n)	रूमाल (m)	rūmāl
Kamm (m)	कंघा (m)	kangha
Haarbürste (f)	ब्रश (m)	brash
Schnalle (f)	बकसुआ (m)	bakasua
Gürtel (m)	बेल्ट (m)	belt
Handtasche (f)	पर्स (m)	pars

6. Haus. Wohnung

Wohnung (f)	फ़्लैट (f)	flait
Zimmer (n)	कमरा (m)	kamara
Schlafzimmer (n)	सोने का कमरा (m)	sone ka kamara
Esszimmer (n)	खाने का कमरा (m)	khāne ka kamara
Wohnzimmer (n)	बैठक (f)	baithak
Arbeitszimmer (n)	घरेलू कार्यालय (m)	gharelū kāryālay
Vorzimmer (n)	प्रवेश कक्ष (m)	pravesh kaksh
Badezimmer (n)	स्नानघर (m)	snānaghar
Toilette (f)	शौचालय (m)	shauchālay
Staubsauger (m)	वैक्युम क्लीनर (m)	vaikyum klīnar
Schrubber (m)	पोंछा (m)	ponchha
Lappen (m)	डस्टर (m)	dastar
Besen (m)	झाड़ू (m)	jhārū
Kehrichtschaufel (f)	कूड़ा उठाने का तसला (m)	kūra uthāne ka tasala
Möbel (n)	फ़र्निचर (m)	farnichar
Tisch (m)	मेज़ (f)	mez
Stuhl (m)	कुर्सी (f)	kursī
Sessel (m)	हत्थे वाली कुर्सी (f)	hatthe vālī kursī
Spiegel (m)	आईना (m)	āīna
Teppich (m)	कालीन (m)	kālīn
Kamin (m)	चिमनी (f)	chimanī
Vorhänge (pl)	परदे (m pl)	parade
Tischlampe (f)	मेज़ का लैम्प (m)	mez ka laimp
Kronleuchter (m)	झूमर (m)	jhūmar
Küche (f)	रसोईघर (m)	rasoīghar
Gasherd (m)	गैस का चूल्हा (m)	gais ka chūlha
Elektroherd (m)	बिजली का चूल्हा (m)	bijalī ka chūlha

Mikrowellenherd (m)	माइक्रोवेव ओवन (m)	maikrovev ovan
Kühlschrank (m)	फ़ूजि (m)	frij
Tiefkühltruhe (f)	फ़्रीजर (m)	frījar
Geschirrspülmaschine (f)	डिशवॉशर (m)	dishavoshar
Wasserhahn (m)	टोंटी (f)	tontī

Fleischwolf (m)	कीमा बनाने की मशीन (f)	kīma banāne kī mashīn
Saftpresse (f)	जूसर (m)	jūsar
Toaster (m)	टोस्टर (m)	tostar
Mixer (m)	मिक्सर (m)	miksar

Kaffeemaschine (f)	कॉफ़ी मशीन (f)	kofī mashīn
Wasserkessel (m)	केतली (f)	ketalī
Teekanne (f)	चायदानी (f)	chāyadānī

Fernseher (m)	टीवी सेट (m)	tīvī set
Videorekorder (m)	वीडियो टेप रिकार्डर (m)	vīdiyo tep rikārdar
Bügeleisen (n)	इस्तरी (f)	istarī
Telefon (n)	टेलीफ़ोन (m)	telīfon